बातें

तेरी भी मेरी भी

बातें

तेरी भी मेरी भी

बरमेश्वर राय

वाणी प्रकाशन

वाणी प्रकाशन

4695, 21-ए, दरियागंज, नयी दिल्ली 110 002

फ़ोन : +91 11 23273167 फ़ैक्स : +91 11 23275710

शाखाएँ

अशोक राजपथ, पटना 800 004, बिहार

कॉफ़ी हाउस कैम्पस, महात्मा गांधी मार्ग, इलाहाबाद 211 001, उत्तर प्रदेश

महात्मा गांधी अन्तरराष्ट्रीय हिन्दी विश्वविद्यालय, वर्धा 442 001, महाराष्ट्र

www.vaniprakashan.com
marketing@vaniprakashan.in
sales@vaniprakashan.in

Baaten : Teri Bhi, Meri Bhi
by Barmeshwar Rai

ISBN : 978-93-5518-858-8
Poetry Collection

प्रथम संस्करण 2023

मूल्य : ₹ 395

आर. टेक ऑफ़सेट प्रिंटर्स, दिल्ली-110 032 में मुद्रित

वाणी प्रकाशन का लोगो मक़बूल फ़िदा हुसेन की कूची से

प्राक्कथन

बात उन दिनों की है जब छोटा भाई और मैं, लालटेन की रोशनी में पढ़ा करते थे। बाबूजी पास ही दालान में, गाँव के लोगों को रामकथा और इसकी विवेचना सुनाया करते थे। कुछ लोग तो श्रद्धवश सुनने आते थे, कुछ बाबूजी के प्रति सम्मानवश और कुछ लिट्टी और अदरक की चाय के लालच में। मैं भी कभी-कभार, चुपके से छुपकर कथा सुनता था और श्रोताओं की टिप्पणी का आनन्द लेता था। न जाने कब और कैसे इस अद्‌भुत वातावरण ने प्रकृति, समाज एवं व्यक्ति के प्रति संवेदना के बीज मेरे अन्तर्मन में बो दिये जो कभी-कभी किसी रचना के रूप में अंकुरित हो जाते हैं।

गाँव का वातावरण सरल और निश्छल था। लोग बिना किसी लागलपेट के, खरी-खोटी सुनाते और सुनते थे। परिवार का शक्ति-स्तम्भ थी मेरी दादी, जिसके पास सबकी समस्याओं के समाधान के लिए कोई-ना-कोई भोजपुरी लोकोक्ति ज़रूर होती थी। माँ तो वैसी ही थी जैसे हर घर में होती है। उसे पता था कि बिना ज़्यादा तेल-मसाले के स्वादिष्ट भोजन कैसे बनता है और बिना पैसे के भी घर कैसे चलता है। इसके अतिरिक्त चाचा-मौसी, भाई-बहनों का एक बड़ा कुनबा है, जो संस्कृति और सरलता की डोर से बँधा हुआ है। कुछ प्रियजन जुटे, कुछ स्वजन छुटे; कालचक्र चलता रहा।

एक धर्म के माता-पिता भी थे, जिनके मार्गदर्शन में समस्याओं को समझने और उनसे निबटने की कला विकसित हुई। मित्र कम हैं; पर जो बने, हमेशा जुड़े रहे।

सारी रचनाएँ स्वतः स्फूर्त हैं, क्षण में उपजीं और शब्दों का आकार ग्रहण कर लीं। इनके संकलन एवं सरंक्षण का कोई प्रयास कभी किया नहीं। मेरे दार्शनिक मार्गदर्शक प्रो. डॉ. उग्र मोहन झा और मित्र राजेश चन्द्र झा को इन रचनाओं में क्या सूझा कि हमेशा प्रकाशन के लिए उत्प्रेरित करते रहे। वैसे, मेरे छोटे भाई विशेश्वर, राकेश और प्रभात भी दबे स्वरों में इनके प्रकाशन की वकालत करते थे।

अगर किसी भी रचना में, आपसे जुड़े किसी सन्दर्भ की झाँकी आपको दिख जाय, तो मैं अपना प्रयास सफल समझूँगा।

—बरमेश्वर राय

अनुक्रम

माँ

कहीं कुछ आस पास

पंचतत्त्व

ऋतु चक्र

तेरी, मेरी, उसकी बात

कोरोना

रस

कुछ आँचलिक भी

माँ

माई

माई साथ नहीं, पर हमेशा साथ साथ है,
हमारे रगों में बहता लहू, उसकी ही तो सौग़ात है

जो बोलता नहीं था, वो ऐसे ही जान जाती थी,
कही गयी बातों के बीच, अनकही पहचानती थी,
धुँधली नज़रों से चेहरे के भाव पढ़ लेती थी,
क्या बात दबी है मन में, सबसे पहले वो जानती थी,
तन्हा, उदास क्षणों में लगता है, सर पर उसका हाथ है,
माई साथ नहीं, पर...

याद आती हैं तवे पर सिंकी गर्म, मुलायम रोटियाँ,
या गोईंठे पर बनायी गयी सोंधि, सुहानी लिट्टियाँ,
सीधे आग में पके आलू-बैगन का चोख़ा याद है,
माई साथ नहीं, पर...

कर्मयोगिनी थी वो, उसे देखा कभी थका नहीं,
परम्परा, प्रतिष्ठा, शालीनता को उसने कभी छोड़ा नहीं,
बाबूजी बताते थे, उसने अपने लिए कुछ माँगा नहीं,
परिवार की ज़रूरत से अलग, ना कभी सोचा, जाना नहीं,
उसकी याद हमारा सम्बल, हमारे राह की मशाल है,
माई साथ नहीं, पर ...

ममता

जब गाँव से बी.आई.टी. की यात्रा पर निकल रहा था,
माँ से आँसू छिपाकर मन ही मन रो रहा था।

जब भी हर रात खाने की घड़ी आयेगी,
माँ, तेरी दाल रोटी बहुत याद आयेगी।

माँ बोली मैं भी तो तेरे संग ही चलूँगी,
छद्मवेश में गुरुमाता बन तेरे साथ ही रहूँगी।

पर मेरा आचरण अब थोड़ा कठोर होगा,
ठोकर खाकर जब गिरोगे, ख़ुद ही उठना होगा।

कभी मैं तेरे खाने की रोटियाँ जला दूँगी,
दाल पतली कर तुझे भूखा सुला दूँगी।

तुझे वात्सल्य से निकाल कर, तारुण्य में भी तो भेजना है,
कभी जग के ख़िलाफ़, कभी जग के लिए, तुझे ख़ुद ही लड़ना है।

मेरा कर्तव्य केवल तेरे जन्म तक ही नहीं सीमित है,
तुझे ज्ञान मिले, सम्मान मिले, मेरे कर्मों में सन्निहित है।

तू जहाँ भी रहेगा, माँ का स्नेह साथ होगा,
कभी जन्मदात्री, कभी ज्ञानदात्री सिर्फ़ रूप ही बदलेगा।

संस्तुती : गुरु-माता

जिसने जीना और जीतना सिखाया,
उस भूमि को शत शत प्रणाम।

जिसने विचारों को आकार दिया,
उस संस्था को शत शत प्रणाम।

तू कोयले के बीच कोहिनूर हो,
देशपाण्डे के सपने की नूर हो।

"नियतम कुरु कर्म त्वम" की परिभाषा हो,
अभियन्ताओं की अभिलाषा हो।

ज्ञान, विज्ञान, उन्नति, उत्कर्ष की जननी हो,
हमारी आकांक्षाओं की मन भरनी हो।

तू मान हो, सम्मान हो,
हम सब की पहचान हो।

तेरे आँचल में जो सुख स्नेह मिला,
उस अहसास को शत शत प्रणाम।

जिसने जीना और जीतना सीखाया,
उस भूमि को शत शत प्रणाम।
उस भूमि को शत शत प्रणाम।

सहपाठी

कुछ नज़्म, कुछ गीत, कुछ ग़ज़लें सजाओ
कुछ मेरी सुनो, कुछ अपनी सुनाओ।

आग बन गयी राख पर आँच अभी बाक़ी है
इन उड़ते सफ़ेद बालों से भ्रम में मत आओ।

इन आँखों ने अनेक सुनहरे बसन्त देखे हैं
तुम भी तो गुनाह के साथी थे, अब हाथ तो मिलाओ।

मैं तुमसे जुदा होकर भी जुड़ा रहा
इस अनोखे मिलन की ख़ुशियाँ मनाओ।

तेरे चेहरे में अपना अक्स देखता हूँ
परछाईं से क्यूँ भागते हो, आ गले लग जाओ।

स्मरण

वर्षों बाद फिर गुरु माँ के घर हो आया,
गुलमोहर के पेड़ों से संजीवनी तोड़ लाया।

बी.आई.टी. की दीवारें चुप रहकर भी बहुत बोलती हैं,
ज़र्रे ज़र्रे से अपना रंजो ग़म बाँट आया।

हर आँख में दिखती है परिवर्तन की चाहत,
नौजवानों की मुट्ठी में सारे अरमान छोड़ आया।

एक क़र्ज़ होता है दूध का, दूसरा ज्ञान का,
वज़ीर तो ना उतार सके, एक फ़क़ीर उतार आया।
वर्षों बाद...

ज्ञान माता

जब कभी हमारी उपलब्धियों के चर्चे किये जायेंगे,
गुरु माता, बी.आई.टी., तुझे कैसे भूल पायेंगे।

हम तो ज्ञान की आँच में, हथेली ही जला लेते,
तूने सही दिशा दी, अहसान ना भूल पायेंगे।

तेरा मान सम्मान, आसमान छूता रहे,
ज्ञान का तिरंगा, देश विदेश में लहरायेंगे।

माता, हमने बना ली है एक बानर सेना
योग्य हैं सेनापति, सारे जंग जीत जायेंगे।

पीढ़ियों से संचित ज्ञान, नौजवानों को सौंपकर
नयी पीढ़ी को क़र्ज़दार कर जायेंगे।

जन्मदिन गुरुभाई का

जन्मदिन है सफ़र का एक पड़ाव,
जहाँ रुककर थोड़ा सुस्ताना है।
फिर जीवन का लेखा जोखा करके,
आगे पथ पर बढ़ जाना है।

आप वरिष्ठ गुरुभाई हैं,
हमने आशीष हमेशा पाया है,
विनम्र, सौम्य व्यक्तित्व के धनी,
हम सबने देखा, पहचाना है।

उल्लास से भरा माहौल है,
सब ख़ुश हैं, मित्र और परिजन।
यही तो आपके जीवन का,
संचित एक ख़ज़ाना है।

आप दीर्घायु हों, शतायु हों,
हम सबकी है यही कामना।
परिजन पास हों, सुख स्वास्थ्य साथ हों,
बाक़ी तो आना जाना है।

माँ की याद

सामने पेड़ पर जब मैना अपनी चोंच से,
नवजात चूज़े को दाना चुगाती है,
तब माँ बहुत याद आती है।

जब ठण्ढी सर्द रातों में,
कम्बल खिसकने से,
नींद टूट जाती है,
तब माँ बहुत याद आती है।

जब देर रात, काम से वापस लौटकर,
पानी पीकर भूखे पेट सोने से,
नींद नहीं आती है,
तब माँ बहुत याद आती है।

जब बच्चों की उम्मीदों पर,
पत्नी की आकांक्षाओं पर,
खरा नहीं उतरता हूँ,
तब उदास एकाकी रातों में,
टी.वी. देखते हुए,
माँ बहुत याद आती है।

जब काम के तनाव से,
घर में बेवजह टकराव से,
सफ़र की थकान से,
सरदर्द और ज़ुकाम से,
अदरक की चाय की तलब होती है,
तब माँ बहुत याद आती है।

कहीं कुछ आस पास

बेनाम रिश्ता

मरने के बाद भी तुझे ना भूल पायेंगे,
नज़्मों ग़ज़लों में तेरी याद छोड़ जायेंगे।

कोई रिश्ता होता तो उसे नाम दे देते,
उपरिभाषित सम्बन्धों से मुँह क्यों छिपायेंगे।

आ गयी है थकान तो नींद भी आ जायेगी,
सपनों की कहानी कल सुबह बतायेंगे।

मेरे पास एक परिन्दा था ना जाने कब उड़ गया,
उसे खोजने अब जंगल को जायेंगे।

वक़्त की चादर तले इतिहास सो रहा है,
कुछ हरकत दिखी तो थपथपाकर जगायेंगे।

बेइन्तहा प्यार

जिस मुक़ाम पे इश्क़ की इन्तहा होती है,
वहाँ से शुरू मेरे प्यार की दास्तान होती है।

तेरे ख़त हर सुबह हौले से खोलता हूँ,
जब मन्दिर में भजन और मस्जिद में अज़ान होती है।

कभी फ़ुरसत मिले तो मेरी गली का रुख करना,
तेरे क़दमों की आहट में मेरी जान होती है।

मुझे दिल बिछाने दो तब पाँव रखना,
कभी मख़मली क़ालीन से भी पाँव लहूलुहान होती है।

ग़ज़ल का जन्म

माँ की रसोई में सिंकती रोटियों से,
सोंधी गन्ध निकले तो ग़ज़ल बनती है।

थके हारे बैठे हो शाम को बरामदे में,
शिशु फेरे बालों में उँगली तो ग़ज़ल बनती है।

पतझड़ की चाँदनी रात में सूखे पतों पर टहलने से,
चरमराहट की आवाज़ हो तो ग़ज़ल बनती है।

गुनगुनी सर्दी हो, बारिश की फुहार हो,
पकौड़ी संग चाय हो तो ग़ज़ल बनती है।

मदमस्त बसन्त हो, मन्द मन्द पुरवाई हो,
ग़ज़ल जब साथ हो तो ग़ज़ल बनती है।

तेरी याद

कहीं चन्दन घिसा है या तू नहायी है,
एक भीगी ख़ुशबू हवा के संग आयी है।

अपने गुनाहों का हिसाब करके देखूँगा,
कि क्या हमने वाज़िब सज़ा पायी है।

मैंने पूरी ज़िन्दगी इन्तज़ार में काट दी,
अब शिकायत करेंगे तो प्यार की बेवफ़ाई है।

हर एक पड़ाव को मंज़िल समझता रहा,
मंज़िल जब दिखी है तो हर तरफ़ तन्हाई है।

डर

तेरी यादों को जगाने से डर लगता है,
ज़ख़्म ताज़े हैं, दिखाने से डर लगता है।

घर की दीवारों पर इतने सवाल लटके हैं,
क्या जवाब दूँगा, घर जाने से डर लगता है।

शोरोगुल होगा तो कान बन्द कर लूँगा,
तन्हाइयों से बात करने से डर लगता है।

मेरी दस्तकों से कोई दरवाज़ा ना खुल जाये,
अब तो दरवाज़ा खटखटाने से डर लगता है।

ख़ूबसूरत

चाँदी की परत पर सोने की कढ़ाई की गयी है,
तेरी मूरत फ़ुरसत में बनायी गयी है।

घटाएँ तेरी ज़ुल्फ़ों से शर्माती हैं,
मौसम की रवानी इनमें छुपाई गयी है।

ये हुश्नो शबाब ख़यालों के दायरों में सिमटता नहीं,
तेरी महफ़िल बहुत दूर सजाई गयी है।

तेरे नाज़ुक पाँव कहीं घायल ना हो जायँ,
जिगर तले रेशमी क़ालीन बिछाई गयी है।

यादें

एक हल्के झोंके से यादों का पट खुल गया,
तेरे साथ गुज़रा हर पल आँखों के आगे झूम गया।

कुछ सपने बुने थे प्यार की नाज़ुक डोर से,
वक़्त की झंझावात में चूर चूर हो गया।

रात आते ही सारे साये सिमट गये,
प्यार का पंछी अँधेरे में उड़ गया।

उस मोड़ पे मेरी नज़र आज भी ठिठकी है,
जहाँ से तेरा साया आँखों से ओझल हो गया।

हिम्मत

मोहब्बत की बगिया से तिनके चुरा लाऊँगा,
तब कहीं तेरी तारीफ़ के पुल बना पाऊँगा।

तुमसे रू-ब-रू हूँ ज़ुबान खुलती नहीं,
ख़यालों में आना तो दिल की सुनाऊँगा।

मैंने कह दी अपनी कहानी बेज़ुबानी,
हिम्मत हुई तो लफ़्ज़ों में भी गाऊँगा।

तुमने तो मेरे यार बहुत हौसला बढ़ाया,
आज जा रहाँ हूँ, शायद कल बता पाऊँगा।

शराब

ओस में धुली चाँदनी के साथ साथ बैठे हो,
फिर इस हसीन रात में तुम क्यूँ उदास बैठे हो।

थोड़ी शराब लो इस महफ़िल के नाम,
ग़म को सो जाने दो, उसे क्यूँ जगाये बैठो हो।

फ़रिश्ते भी मदहोश हैं साक़ी के आग़ोश में,
इस रंगीली रात में क्यूँ दामन बचाये बैठे हो।

नींद से उठोगो तो सोचना हसीन ख़्वाब था,
अभी ज़िन्दगी से वाबस्ता हो, क्यूँ आँख चुराये बैठे हो।

पुरवाई

शाम ढले तेरे आँगन में उतरती है,
धूप को अपने हथेलियों में भर लेना।

ख़ुशबू चुराकर हर सुबह बाग़ों से लाती है,
इस पुरवाई को अपनी साँसों में भर लेना।

ख़्वाबों में दीदारे यार कर लौटती है,
यार की इस नज़र को आँखों में भर लेना।

रात ढले, दबे पाँव, गली से गुज़रती है,
पायल की छमछम कानों में भर लेना।

दर्द

बन्दा ज़िन्दगी का सफ़ा पलटता है,
जब रात सीढ़ियों पर कोई साया ठिठकता है।

इन सवालों के सेज़ पर नींद नहीं आती,
तमन्नाओं की चादर से पैर कहाँ ढकता है।

रात कहाँ तक ख़ामोश रह पायेगी,
भूखे पेटों से आह जो निकलता है।

तुमने तो बरसों दबाकर रखे रहा,
अब पोर पोर से दर्द पिघलता है।

चिट्ठी

अक्षरों पे नज़रें टिक नहीं पातीं,
बड़ी मुद्दत के बाद तेरी चिट्ठी आयी है।

उलटी गिनती गिनने बैठा तो पता चला,
अंकों के हर पड़ाव पर तेरी ही आशनाई है।

किताब में छुपाई गुलाब की सूखी पंखुड़ियों से,
बरसों बाद एक ख़ुशबू आयी है।

लौट आने की उम्मीद तो अब है नहीं,
फिर भी दरवाज़े पर मैंने नज़रें टिकायी हैं।

अपनापन

आपके चेहरे पर जब मुहाँसे दिखते हैं,
ना जाने क्यूँ तब, आप अपने लगते हैं।

परेशानियाँ छोड़ जायें, तो सब ख़ाली लगता है,
कच्ची नींद के सपने सारे सच्चे लगते हैं।

आपके समझाने के अन्दाज़ पर जब ग़ौर किया,
सारे वादे इरादे अब झूठे लगते हैं।

पाँव धो लूँ तो कूदकर खटिये पर चढ़ जाऊँगा,
संगमरमरी फ़र्श पर धूलभरे पाँव गन्दे लगते हैं।

पी की बाँह को तकिया बना सो लूँगा,
नींद ना आये ना सही, रतजगे अच्छे लगते हैं।

तेरी तस्वीर

दूध में थोड़ा सिन्दूर मिलाओ,
तब कैन्वस पर उसकी तस्वीर बनाओ।

निगाहें उसके तन से फिसल फिसल जायेंगी,
आँखें बन्द करके उसे ख़्याल में लाओ।

उसकी हँसी बसी है सारे कायनात में,
मन्द मन्द पवन भवरों के संग गाओ।

वो ग़ज़ल बन बैठी है सबकी ज़ुबान पे,
सब दिल खोलकर मेरे संग गुनगुनाओ।

सुखद अचरज

मैंने सोचा था हवा दे रही है दस्तक,
तुम होगे, ये ख़याल भी ना था।

तुमसे गुफ़्तगू की एक फ़ेहरिस्त बना रखी थी,
क्या बातें करूँ, अब ज़ेहन है ख़ाली सा।

गिले शिकवे ना थे, ना रहेंगे,
बस यूँ ही चलेगा मोहब्बत का सिलसिला।

तेरी तारीफ़ सुनता हूँ कान खोलकर,
ख़ुद बयाँ करूँ, इतने अल्फ़ाज़ कहाँ।

बात नहीं बन पाती

कोई बात बसी है मन में, होंठों पे नहीं है आती,
परतों में बसे हैं ख़याल़ात, बस बात कही ना जाती।

रंग भरता हूँ तस्वीर में, पर बात नहीं बन पाती,
तेरी सूरत तो बन जाती है, सीरत नहीं बन पाती।

तिनके जोड़ जोड़ बरसों में, बनाया एक आशियाना,
ढाँचा तो बन जाता है, बस रूह नहीं बस पाती।

ज्ञान, विज्ञान, अभिमान के सुने वचन हज़ार,
फिर भी फ़क़ीर कबीर की, बातें मुझे हैं भाती।

बड़े जतन से रोज़ बनाता हूँ, कई स्वादिष्ट व्यंजन,
फिर भी माँ की लिट्टी चोखे की, याद बहुत है आती।

हिचकी

बड़ी शिद्दत से किसी ने तुझे याद किया है,
आज सारी रात हिचकी ने परेशान किया है।

किसी वैद के पास तेरे मर्ज़ का इलाज नहीं,
दवा वही देगा, जिसने दर्द दिया है।

दिल से होंठों तक एक लम्बी है दूरी,
तूने आज भी मोहब्बत का, नहीं इज़हार किया है।

तेरी क़ाबिलियत कोई पहचानेगा, इस मुग़ालते में मत रहना,
तेरी हाथों की लकीरों ने तुझे क्या दिया है?

अधूरी चाहतों के साथ, प्रेत बन भटकोगे,
इश्क़ है पूजा, इसने रूहों को पनाह दिया है।

तेरी यादें

तेरे काँधे पर सर रखकर रोने का जी करता है,
साहिर की ग़ज़ल कोई सुना दो, सोने का जी करता है।

दरिया के पार दूर, बना लिया तूने आशियाना,
थके हुए पंखों से भी उड़कर, मिलने का जी करता है।

चाय के प्यालों पर, तेरे होंठों के निशान बचा रखे हैं,
आज फिर उन जूठे प्यालों में, चाय पीने का जी करता है।

मैं तो इस मुग़ालते में था कि जो बीत गयी, सो बात गयी,
फिर क्यूँ उन लम्हों में बार बार जीने का जी करता है।

तेरी ख़बरें सुनाकर लोग चिढ़ाते हैं, पर संजीवनी छोड़ जाते हैं,
मौत टल जाती है, और जीने का जी करता है।

ज़ख़्म प्यार के

दिन गुज़र जाता है दरवाज़ा तकते, तेरे दस्तक के इन्तज़ार में,
रात बीत जाती है सुनहरे ख़्वाबों में, तेरे दीदार में।

किश्तों में कटी ज़िन्दगी से, कभी कोई शिकायत ना रही,
मेरी आरज़ू कोई क्या सुनता, सारा शहर जिया तेरे प्यार में।

अब तो मेरी छत के ऊपर, कबूतर भी उड़ते नहीं,
उस ख़त का जवाब कहाँ आयेगा, जिसे भेजा था तेरे प्यार में।

उन हवाओं ने भी रुख बदल दिया, जो तेरे दर से होकर आती थीं,
मैं यूँ ही बेकार बैठा हूँ, तेरी ख़ुशबू के इन्तज़ार में।

ज़ख़्म बहुत खाओगे, फिर भी दर्द नहीं होगा,
बड़े मज़े हैं रोज़, जीने मरने में उनके प्यार में।

पंचतत्त्व

क्षिति

ज़मीन जरखेज़ है, पर फ़सलें क्यूँ बीमार हैं,
इस सवाल का जवाब हम सब पर उधार है।

अनियन्त्रित प्रगति ने सारा सन्तुलन बिगाड़ दिया,
ज़मीन का अपक्षरण किया, जंगल उजाड़ दिया।

नदियों का प्रवाह अवरुद्ध किया, जलाशयों को भर दिया,
पंछियों के घोंसले उजाड़े, पशुओं को बेघर किया।

बस्तियाँ जो उजड़ीं, फिर बसी नहीं,
कोख जो उजड़ी, बाँझ हो गयी।
तेरी लालच की तिजोरी तो भर ना सकी,
बस धरती माँ कंगाल हो गयी।

मत समझ कि धरती माँ बेबस है, कुछ कर नहीं पायेगी,
चन्द अनाचारियों के हाथों,
कब तक मानवता को पिटवायेगी।

विकास विनाश के राह चले,
यह सिलसिला तोड़ देगी।

प्रलय कर फिर सृजन कर देगी,
प्रकृति का सन्तुलन जोड़ देगी।

मेरे सवाल का जल्दी से जवाब ढूँढ़ लेना,
तन्दुरुस्त फ़सल हो हर खेत में, धरती का शोषण छोड़ देना।

धरती धरणी है जीवन की, अस्तित्व हमारा इससे है,
यह आश्रय हमको देती है, स्थायित्व हमारा इससे है।

जल

जल ही जीवन और जीवन जल है,
अद्भुत इनका नाता है।
सागर से नभ तक, भूगर्भ से भूतल तक,
जीवन स्त्रोत इसी से आता है।

अतिवृष्टि लाती है प्रलय,
अनावृष्टि लाती अकाल है।
जल से है जीव निहाल,
बिना जल सब कंगाल है।

जीव जन्तु को देता प्राण वायु,
वनस्पति को देता खुराक है।
जल माध्यम है संचार का,
जल ऊर्जा का भण्डार है।

जल संचय करो, जल दोहन नहीं,
जल है तो सृष्टि क़ायम है।
जल नहीं तो जीवन नहीं,
जैसे देह से प्राण ग़ायब है।

पावक

अग्नि ऊर्जा का स्त्रोत है, इसके रूप अनेक,
कभी शोधक है, कभी शुद्धक है, है जीवन का अभिषेक।

जीवों के उदरों में बसती है जठरानल बनकर,
वनो कों भस्मित करती है दावानल बनकर।

ऊर्जा से प्रकाशित है सारा संसार,
अग्नि बिना सारे जग में होगा अन्धकार।

माघ की सर्द रातों में ऊष्मा देती है,
जून की तपती दोपहरी में ऊर्जा शीतलता देती है।

जल, थल, नभ में सारी गति रुक जायेगी,
बिन ऊर्जा, प्रगति कभी ना हो पायेगी।

ऊर्जा मानव शरीर को गतिशील रखती है,
विचारों को उत्प्रेरित, प्रगतिशील रखती है।

सूरज की ऊर्जा जब वायु और जल से मिलती है,
पौधों को जीवन, मानव को भोजन देती है।

ऊर्जा उत्पादन के पूर्व सोच लो, ले लो थोड़ा विराम,
छोटी भूल के हो सकते हैं विनाशकारी परिणाम।

नाभिकीय ऊर्जा, ऊर्जा संकट दूर कर सकती है,
पर युद्ध हुआ तो सृष्टि, चूर चूर कर सकती है।

गगन

गगन विशाल है, हर दिशा में है विस्तार,
है अनन्त, निरपेक्ष है, है क्षितिज के आर पार।

यह अध्यात्म का उद्गम स्रोत है,
ऊर्जा से ओतप्रोत है।
ब्रह्माण्ड का गगन में आदि है और अन्त है।

पंचभूतों का समन्वयक,
इसमें समाहित पंचतन्त्र है।

जल, थल, पवन और अग्नि,
इसके हैं एक रूप।
तत्त्वों को देता है यह,
ऊर्जा का स्वरूप।

निरपेक्ष से सापेक्ष का,
संक्रमण इससे है।
साकार से निराकार का,
रूपान्तरण इससे है।

पंचतत्त्वों में आकाश का,
उद्‌भव प्रथम हुआ।
देव ध्वनि गूँजी चहूँ ओर,
सृष्टि का सृजन हुआ।

आकाश को मापने पंछी,
बार बार उड़ान भरता है।
मानव भेजता यान पर,
पार कहाँ पाता है।

हर मुश्किल में दुआ माँगने,
हाथ ऊपर जब उठता है।
जन मन का विश्वास है,
भगवान वहाँ पर बसता है।

गगन अनन्त है, असीम है, अपरम्पार है,
मूल स्रोत है, जीव और जड़ का,
इसकी महिमा अपार है।

समीर

आँखें जलती हैं, साँस फूलती हैं,
हवा में है ज़हर भरा।

पवन देव ज़रा गति बढ़ाना,
उड़ा ले जाओ मौत ज़रा।

वादाख़िलाफ़ी आदत है, हम नहीं सुधरेंगे,
कल तोड़े थे वचन, फिर कल तोड़ेंगे।

क़समें ली थीं कि धूल नहीं उड़ायेंगे,
अनाज निकाल लेंगे पर पुआल नहीं जलायेंगे।

गाड़ी बदल देंगे, धुआँ नहीं उड़ायेंगे,
फ़ैक्टरी की चिमनी छोटी रख, प्रदूषण नहीं फैलायेंगे।

पर वो तो कल की बात थी,
कल बीत गया और बात गयी।

वादा निभाने की हमारी फ़ितरत नहीं,
मौत टल गयी, बात भूल गयी।

एक बहस छिड़ी है सदन में,
कि दोषी कौन है।
चिल्ला रहे हैं नेताजी, जनता मौन है।

विनती करें कि इन्द्रदेव, बारिश मत लाना,
पवनदेव ज़रा धीरे चलना, धुआँ ना उड़ाना।

कुछ और मौतें होंगी तो माहौल गरमायेगा,
प्रतिद्वन्द्वी के सिर ठीकरा फोड़ सेवक चुनाव जीत जायेगा।

पर मानव मत भूल, वायु है तो प्राण है,
ज़हर घोलेगा हवा में तो जीवन निष्प्राण है।

ऋतु चक्र

बसन्त

कौन आता है ऋतु बसन्त में, वापस जाने को,
खिले पलाश, कूकती कोयल, जब बाहर खड़े रिझाने को।

पीत वस्त्र धारण की धरती, सरसों के हैं फूल खिले,
पुरवाई ने ली अँगड़ाई, मादकता फैलाने को।

लगी मंजरे अमराई में, फ़सलों में लगी बाली,
राग बसन्ती छेड़ो सजनी, पिया नहीं अब जाने को।

बाजत ढोल, मंजीरे, पखावज, गवैयों ने छेड़ी है तान,
हिल मिल गावत फाग सखी, ऋतु बसन्त ने बाँधा सब को।

गोद भरी है धरती की, किसानों के भण्डार भरे,
जी भर जी लो आज प्यारे, भूल जाओ क़र्ज़दारों को।

ग्रीष्म

राह देख पथराई अँखियाँ, पिया मिलन की आस लिये,
बीता बसन्त, आया बैसाख, गरमी की सौग़ात लिये।

आयी जेठ दोपहरी, पैर ज़रे है छन-छन,
धूल उड़ावे है पछिया बयार, लू चले है सन सन।

फ़टा धरती का आँचल, सूख गये नदी तालाब,
पानी गया पाताल में, कैसे बुझेगी प्यास।

टप टप चुये पसीना, बेदर्दी जून का महीना,
पिया होते तो पंखा झलते, और दुःख केहु हेरी ना।

वर्षा

बढ़ी उमस, बहे पुरवाई, मास आषाढ़ के आयो,
आर्द्र है मौसम, चुअत पसीना, फिर भी पिया नहीं आयो।

हरी हुई धरती की कोंख, जब खेतन बीज बिछायो,
कोंपल उगे बाँसवारी में, जब मेघा जल बरसायो।

दमकती दामिनी, चमक चमक के, आसमान गरजायो,
झींगुर, मेंढक ले आलाप, हिया में हूक जगायो।

सावन आया, मन को भाया, ली वर्षा ने अँगड़ाई,
झूले पड़ गये बाग़ बाग़ीचे, झूम उठी अमराई।

मन्द पवन खेतों से आकर, मेरे तन को सहलाता है,
लगता है, अमृत रस, मेरे तन मन में बह जाता है।

शरद

भादों मास अँधेरा छाया, उफने ताल, तलैया, तालाब,
रात अँधेरी कान्हा जन्मे, लाये ख़ुशियों का सैलाब।

धुल गया धूल, धुल गयी धरती, चहुँदिश हरियाली है छायी,
हरे भरे खेतों में, नयी फ़सल पर आयी तरुणाई।

माह क्वार आया इठलाता, रात चाँदनी लाया,
बैरी चाँद निहारे जग को, पिया की सुध ना लाया।

चढ़त दुपहरी, तेज़ धूप, तन में है आग लगाये,
रात चाँदनी, ओस में धुलकर, मन में है सिहरन जगाये।

पूरब दिशा को जात बदरिया, पी का सन्देशा लिये जा,
राह तकत तोरी विरहनिया के, प्राण पखेरू ना उड़ जा।

हेमन्त

गुनगुनी धूप, सर्दी की चादर ओढ़ आई है,
आज ऋतु हेमन्त ने अपनी आहट सुनाई है।

रूठा सूरज, नित दूर जाता है धरती से,
आँगन में उतरती धूप की, लम्बी परछाईं है।

अमावस की रात भी सुहानी लगती है,
दीपावली ने रोशनी और ख़ुशियाँ बिछाई हैं।

धान की बालियाँ सलोनी लगती हैं,
क़ुदरत ने धरती को, सोने के कगन पहनाई है।

सूखे पत्तों पर पाँवों की चरमराहट भली लगती है,
मद्धम चाँदनी आज फिर पत्तों से छनकर आई है।

उबल रही है गुड़ और अदरक की चाय,
तेजपत्ते और इलायची की ख़ुशबू ने मुझे बुलाई है।

शिशिर

कुछ दिन और, सूरज की किरणें, मद्धम रहेंगी,
आग, आँच और धूप की चाहत बनी रहेगी।

ठिठुरता हाथ, रूखी त्वचा, सूखे होंठ और थरथराता बदन,
माघ की आधी रात अभी सालती ही रहेगी।

कभी तिल, कभी तीसी, कभी बेसन के लड्डू बनाती थी,
अदरक तुलसी का काढ़ा और दादी याद आती ही रहेगी।

आपने तो अपने महल में उसे घुसने ही नहीं दिया,
ग़रीब की झोपड़ी में, ठण्ड शरण पाती ही रहेगी।

गुज़रा एक दिन माघ का, बस उनतीस बाक़ी रहे,
पिया आये या ना आये, याद तो आती रहेगी।

तेरी, मेरी, उसकी बात

शब्दों के ज़ख़्म

तेरे शब्दों के कई मायने लगाये जायेंगे,
तेरी शायरी को खोद के, मुर्दे उखाड़े जायेंगे।

तूने तो बड़ी साफ़गोई से दिल की बात कह दी थी,
घायल फ़रिश्तों के ज़ख़्मों पर मरहम लगाये जायेंगे।

कुछ घावों को अभी हरा ही छोड़ दो,
आगे कई मुक़ामों पे दर्द बड़े आयेंगे।

आम आदमी की उम्मीदों को हवा तो दे दी,
नाउम्मीदी पर तेरी क़ुर्बानी के क़िस्से कहे जायेंगे।

मंच पर तो कोई आपको सुनने से रहा,
नेपथ्य की फुसफुसाहट में शायद सुने जायेंगे।

बात आम आदमी की

तेरे क़दमों के निशाँ पत्थरों पे दिख पड़े,
लगता है तूने ज़िन्दगी में ढोये हैं बोझ बड़े।

तेरी कहानी तो बड़ी सीधी सपाट है,
फिर भी क्यूँ उस्तादों के शब्द हैं शिथिल पड़े।

दुआ माँगने मन्दिर भटकता रहा,
तेरे हिस्से का आशीर्वाद लूटने पुजारी ही लड़ पड़े।

ना राह है, ना मंज़िल ना ठौर ना ठिकाना,
चलने की आदत है तो पाँव चल पड़े।

आशंका

मन क्लान्त है, हवाएँ शान्त हैं,
तालाब का पानी भी स्थिर हो गया है।

भौंकते कुत्ते अब रोने लगे हैं,
अनहोनी की आशंका से समय भी रुक गया है।

सुबह की लाली कुछ सन्देशा लेकर आती,
पर सूरज का रथ कहीं पर फँस गया है।

कल दबी ज़ुबान में लोग फुसफुसा रहे थे,
उसका मतलब समझ में आ गया है।

हथकड़ी लिए लोग देंगे दरवाज़े पर दस्तक,
काल कोठरी प्रवास का समय आ गया है।

बापू

आज फिर समाधि पर लोग बहुत आयेंगे,
अपनी सहूलियत के मुताबिक़ क़सीदे पढ़े जायेंगे।

मैं तो बरसों पहले आकार से विचार बन गया था,
फिर भी क्यूँ हम प्रतीकों में देखे जायेंगे।

हुक्मरानों के विचारों में चासनी लगाकर,
कबतक हम व्यंजन की तरह परोसे चले जायेंगे।

सत्य, अहिंसा, सद्भावना, समभाव,
ये सरल शब्द कब तेरी समझ में आयेंगे।

तेरे अन्तर्मन में तो मेरे लिए जगह नहीं,
मेरे विचार शायद तेरे पोते समझ पायेंगे।

उम्मीद

चन्द साँसें बचाकर रखना, लड़ाई अभी बाक़ी है,
चोटी पर फ़तह की चढ़ाई अभी बाक़ी है।

आपने तो बंजर ज़मीन पर बीज बो दी,
नये कोंपल लगे पौधों की सिंचाई अभी बाक़ी है।

मरहम लगाने से दर्द तो घट गया,
ज़ख़्म भरने की दवाई अभी बाक़ी है।

मौक़ा मिला तो सूरते मुल्क भी बदल देंगे,
नौजवानों के सीनों में अँगड़ाई अभी बाक़ी है।

हम तो आपकी पहुँच के दायरे में ही बसते हैं,
बस हाथ बढ़ाने की सच्चाई अभी बाक़ी है।

मेरी कहानी

चन्द लफ़्ज़ों में बयान हो जायेगी,
छोटी कहानी है कहाँ तक जायेगी।

यूँ तो मैं अक्सर ख़ामोश रहता हूँ,
आज आप मिले हैं तो ज़ुबान तक आयेगी।

रहगुज़र धीरे धीरे साथ छोड़ गये,
अब मंज़िल मिले तो सफ़र सुस्तायेगी।

कुछ सवाल ज़वाब के इन्तज़ार में थककर सो गये,
इस तनाव के माहौल में नींद कहाँ आयेगी।

इतने अहसानों का बोझ लिए जीते हो,
क़र्ज़दारी में ज़िन्दगी फ़ना हो जायेगी।

पर्यावरण

चलो आज विचारों की लगाम छोड़ देते हैं,
क्षितिज फोड़कर उस पार का शहर देख लेते हैं।

धुएँ और धूल से दम घुट रहा है,
उस पार से कुछ साँसें उधार माँग लेते हैं।

कभी अनावृष्टि, कभी अतिवृष्टि, कभी बाढ़, कभी अकाल,
प्रकृति के संकेत हम क्यूँ समझ नहीं पाते हैं।

अनियन्त्रित प्रगति की भूख बच्चों को खा जायेगी,
प्रलय से पूर्व एक पीढ़ी बचा लेते हैं।

प्रकृति

तेरी छोटी भूल का परिणाम बुरा होगा,
आग बरसेगी आसमान से, सागर में सैलाब होगा।

समृद्धि की चाहत में खिलवाड़ की प्रकृति से,
इस अक्षम्य अपराध का दण्ड बड़ा होगा।

जंगल काटा, जल दूषित किया, ज़मीन को छेड़ा,
हवा में ज़हर घोलने का मोल साँसों को चुकाना होगा।

प्राकृतिक सन्तुलन में शायद कुछ ना बचे,
प्रलय के बाद ही नवयुग का सृजन होगा।

आज गर चेत गये तो कल बचा लोगे,
वरना भविष्य की क़ुर्बानी का सेहरा तेरे सर होगा।

अन्त की आहट

इन दरख़्तों के हरे पत्ते कहाँ गये,
पंछी जो इन पर बसते थे, उनके घोंसले कहाँ गये।

जहाँ बैठकर हर शाम हम सुस्ताते थे,
वो दरिया के किनारे कहाँ गये।

कल तक तो इन घाटों पर पनिहारनें आती थीं,
उनके घड़ों के निशान कहाँ गये।

बालू पर लौटते पैरों के निशान दिखते नहीं,
इन राहों से गुज़रकर मुसाफ़िर कहाँ गये।

लम्बा सफ़र

अभी तो रात का तीसरा पहर है,
सुबह है दूर बड़ा लम्बा सफ़र है।

सौ से शून्य तक इस उम्मीद में गिनते रहे,
कि शायद अगले मोड़ पर सिफ़र का पत्थर है।

अमूमन शहर की इमारतें झील में दिखती हैं,
अभी तो धुन्ध में छिपा सारा शहर है।

सर्दी में गली के कुत्ते भी ख़ामोश हैं,
चन्द घण्टों तक बाक़ी ये क़हर है।

अर्जुन के इन्तज़ार में

दवा का असर तो हुआ नहीं यारो,
दुआ का असर अब देखा जायेगा।

आँखें पथरा गयीं उनकी राह देख कर,
कब इन गलियों से साहब का कारवाँ जायेगा।

चन्द लोगों ने चाँदनी मुट्ठी में छिपा रखी है,
कहाँ तेरे हिस्से में उजाला अब आयेगा।

इस चक्रव्यूह ने बहुत अभिमन्यु निगल लिये,
देखो कभी शायद कोई अर्जुन आयेगा।

खोज

मैं तो बस अपनी पहचान ढूँढ़ रहा हूँ,
जिसे छत कह सकूँ, वो आसमान ढूँढ़ रहा हूँ।

कभी वर्ण, कभी वर्ग, कभी धर्म से नवाज़ा गया,
अपने भीतर छुपा इन्सान ढूँढ़ रहा हूँ।

जो रोटी छीन ले, पर भूख बाँट ले,
ऐसा ईमानदार, बेईमान ढूँढ़ रहा हूँ।

आपकी बन्दिशे अब जंग खा चुकी हैं,
तोड़कर आसमान छू लूँगा, सिर्फ़ उड़ान ढूँढ़ रहा हूँ।

उजड़े घर में भी, माँ ने सँभाल कर रखा होगा,
भूख मिटाने का सामान ढूँढ़ रहाँ हूँ।

एक आम आदमी

हर सुबह, हर शाम वो परेशान रहता है,
तीसरी मंज़िल पर जो इन्सान रहता है।

एक दिन सुना, कोई कह रहा था,
वो पूछ रहा था, कहाँ भगवान रहता है।

उसके पसीने से दीये जलते हैं शहर के,
उसकी रूह में प्यारा हिन्दुस्तान रहता है।

उसकी कहानी सुर्ख़ियों में ना पाओगे,
पंक्तियों के बीच वो विराजमान रहता है।

ख़्वाहिश

ज़ख़्म ताज़े हैं मरहम लगाये कोई,
खड़ा हो जाऊँगा हाथ बढ़ाये कोई।

मैं तो इस गली से उम्र भर गुज़रा किया,
किसी झरोखे से चिलमन हटाये कोई।

सारी आवाज़ें इस शोर में खो जाती हैं,
तनहा रातों में पायल छमकाये कोई।

अँधेरी रात है, राह नज़र आती नहीं,
शायद किसी मोड़ पे चिराग़ जलाये कोई।

अभिव्यक्ति

मेरी ज़ुबान पर तो ताला लगा दोगे,
मेरी ख़ामोशियों को क्या चुप कर पाओगे।

मैंने अभिव्यक्ति के कई तरीक़े खोज रखे हैं,
अख़बारों, इश्तहारों, अस्वीकारों में हर जगह पाओगे।

हर प्रतिरोध, गतिरोध नहीं होता,
समझ गये तो नुक़सान से बच जाओगे।

कन्धे झुक गये तो बोझ पीठ पर उठा लेंगे,
मुझे तो आदत पड़ी है, क्या तुम सँभाल पाओगे।

मुल्क से तुम हो, तुम से मुल्क नहीं,
मिल्कियत समझी तो फ़ना हो जाओगे।

चुनाव

मौत अभी आयी नहीं कि मांस नोचने आ गये,
चुनाव का मौसम है, गीध आसमान में छा गये।

पाँच साल पहले कुछ वादे करके गये थे,
बिना इरादे के वादे लेकर लो आज फिर आ गये।

हवा का रुख़ देखकर अपना रंग दिखाते हैं,
कभी धर्म, कभी जात पर हम बेमोल बिक गये।

गिरगिट अचम्भित है उनके रंग बदलने की रफ़्तार से,
शर्मो हया बेच दी, ख़ज़ाने को पचा गये।

पक्ष विपक्ष से कुछ फ़र्क़ नहीं पड़ता,
तेरे हिस्से की रोटी मिल बाँटकर खा गये।

छत का धुआँ

तेरी छत का धुआँ कहाँ तक जायेगा,
आसमान छूने से पहले ही बिखर जायेगा।

तिनके पर टिका ओस का एक टुकड़ा,
ज़रा हवा चली, टूटकर बिखर जायेगा।

तेरा अरमान आसमान छूने उठता है,
ग़ुब्बारे की तरह फटकर ज़मीन पर गिर जायेगा।

तेरी नाकामियों की फ़ेहरिस्त बड़ी लम्बी है,
क्या हुआ एक नाम और जुड़ जायेगा।

दर्द

दर्द घटेगा तो नींद भर सोयेंगे,
तब तक ज़िन्दगी के साथ हँसेंगे रोयेंगे।

ग़म में अपनी ज़ुबान बन्द रखते हैं,
जब ख़ुशी मिली, तब शायद बोलेंगे।

पैरों के गहरे निशान जो ज़मीन पर देखा,
तो लगा बोझ भारी ढोये होंगे।

बड़े नाज़ुक हैं तेरी यादों के धरोहर,
तन्हाई में इन्हें आहिस्ता से खोलेंगे।

ग़मगीन

कुछ प्रश्न अनुत्तरित रह जायेंगे,
इतने आँसू कहाँ जो अरमान बहा ले जायेंगे।

इस भीड़ में इतने सवालिये खड़े हैं,
फ़रिश्ते भी इनका जवाब ना दे पायेंगे।

मैं तो हर मुश्किल में आसमान देखता हूँ,
ख़ुदा है मशरूफ, समाधान कहाँ पायेंगे।

ग़म बाँटकर मैं ग़मगीन हो जाता हूँ,
इस पिटारी को अब साथ ही ले जायेंगे।

तूती

नक़्क़ारखाने में तेरी आवाज़ गुम हो जायेगी,
तूती मत बोल बहुत पछतायेगी।

क्षितिज के पार का सुनहरा देखने,
उड़ उड़ कर तू थक हार जायेगी।

तेरी आँचल ने बहुतों को पनाह दी,
ख़ुद सर टिकाने को कन्धा कहाँ पायेगी।

इन राहों से शायद राम कभी गुज़रे,
चरणधूलि मिली तो पार लग जायेगी।

अरमान

फ़ुर्सत में आना तो तफ़शीस से बतायेंगे,
कुछ तेरी सुनेंगे, कुछ अपनी सुनायेंगे।

ये ग़ज़ल आजकल थकी थकी सी रहती है,
थपकी देकर इसे प्यार से सुलायेंगे।

बादल देखकर अरमान मचलने लगे,
बारिश होगी तो बिरवान लगायेंगे।

इस अमानत को छीनने हाथ बहुत लपके हैं,
उस बालक की मुट्ठी में चुपके से छोड़ जायेंगे।

ग़म

गली गली घूमकर मेरे घर आया है,
थका हुआ ग़म है, क्लान्त, मुरझाया है।

जब तक जी चाहे मेरे में घर रहना,
हर तरफ़ पसरा तेरा ही साया है।

मैंने सारे चिराग़ बुझा रखे हैं,
रोशनी का डर नहीं, ख़ामोशी ने घर सजाया है।

कब तक साथ निभेगा ये तो तुम जानो,
मैंने तो गर्मजोशी से दोस्ती का हाथ बढ़ाया है।

क़द्रदान

शाम हो आयी अब घर को जाते हैं,
कोई क़द्रदान ना आयेगा, अब बाज़ार उठाते हैं।

कोई ग्राहक आयेगा तो मोलभाव करेंगे,
इस उम्मीद में हर रोज़ बिसात बिछाते हैं।

ख़ाली पेट अब पानी भी पचता नहीं,
पाँवों को मोड़कर भूख दबाते हैं।

नींद आयेगी तो सुनहरे ख़्वाब भी आयेंगे,
चलो ख़ुद को कोई लोरी सुनाते हैं।

ख़ामोशी

शोर होगा तो कान बन्द कर लोगे,
ख़ामोशियों को कैसे चुप कर पाओगे।

ये आवाज़ तेरे भीतर से उठती है,
इसकी चुभन को कैसे सह पाओगे।

दर्द उठेगा तो होंठ भींच सह लोगे,
दर्द के अहसास को कैसे झेल पाओगे।

रात के अँधेरे ने तेरे नंगेपन को ढक लिया,
सुबह की रोशनी में क्या मुँह दिखाओगे।

धूप

धूप जब तक है, परछाईं का साथ है,
फिर तनहा दिल और सूनी रात है।

कुछ आवाज़ें ख़ामोशी से निकलती हैं,
न जाने उनके पीछे छिपी क्या बात है।

इसकी बूँदों ने तो आशियाना ही जला दिया,
बिन बादल बरसी, ये कैसी बरसात है।

अपनी क़ाबिलियत जब उसे बता रहा था,
उसने पूछा तुम्हारी क्या जात है।

दीपक

आँधियों से लड़ रहा है, उसकी हिम्मत तो देखो,
बिन तेल के जल रहा है, उसकी जुर्रत तो देखो।

लोग लौट रहें हैं उसके अरमानों की चिता फूँककर।
फिर भी मुस्करा रहा है, उसकी वहशियत तो देखो।

सूनी आँखों के पीछे समन्दर छिपा होगा,
पाताल से भी गहरा है ज़रा डूबकर तो देखो।

आँखों से अमूमन वो नज़र नहीं आता,
पल में झलक जायेगा, दिल खोलकर तो देखो।

हौसला

जोश में आकर तपाक से हाथ बढ़ाता हूँ,
फिर आपकी बेरुख़ी देख पीछे हट जाता हूँ।

इस महफ़िल में शायद मेरी भी सुनी जाये,
इस उम्मीद में बार बार हाथ उठाता हूँ।

हर चेहरा अपना ही प्रतिबिम्ब लगता है,
इस भीड़ में अलग पहचान कहाँ पाता हूँ।

दबी हुई ज़ुबान खाँसने पर भी नहीं खुलती,
ना चाहकर भी बेज़ुबान रह जाता हूँ।

ज़िन्दगी

ज़िन्दगी को सँवारने बैठे तो बिखर गयी,
कुछ चीथड़ों, कतरनों, तस्वीरों में सिमट गयी।

मकड़ी के जाले में फँसी हुई मक्खी,
हाथ पैर मारी तो और भी उलझ गयी।

गुफे के छोर पर एक लौ नज़र आयी थी,
किसी ने फूँक मारी, वो भी बुझ गयी।

पुरानी दीवाल की पुताई सी ज़िन्दगी,
ज़्यादा कट गयी है, जो बाक़ी है समझो कट गयी।

क़लम

आप कहते हैं कि ज़हर उगलता हूँ,
मैं तो थक हारकर क़लम खोलता हूँ।

शहर के बेज़ुबानों ने मिन्नत बहुत की थी,
उनकी भाषा को स्याही में घोलता हूँ।

ख़ुद की तस्वीर से आप क्यूँ डरने लगे,
मैं तो सिर्फ़ आईना सामने करता हूँ।

एक जुलूस निकला है सच की तलाश में,
मैं हाशिये की तरफ़ इशारा करता हूँ।

थकान

थक हार कर हम आख़िर कहाँ जायेंगे,
छाँव मिली तेरे आँचल की, थोड़ी देर सुस्तायेंगे।

बदन है थककर चूर, नींद आती नहीं,
कोई लोरी सुना दो तो शायद सो जायेंगे।

हर तरफ़ लाखों सवालिये खड़े हैं,
मेरे सवाल जवाब कहाँ पायेंगे।

तेरे दरवाज़े पर लौटकर फिर आना है,
जान बूझकर कोई सामान छोड़ जायेंगे।

अपनत्व

आपने तो ख़ज़ाना खोल रखा है,
मैं तो बस बेमोल बिकता हूँ।

आज तो आपसे पहली मुलाक़ात है,
मैं तो ज़रा देर से खुलता हूँ।

आपने तो रिश्ते धूप में बिछा रखें हैं,
अपनेपन की गरमी हो, तब जाकर पिघलता हूँ।

इतनी गर्मजोशी से हाथ ना बढ़ाइये,
मुखौटे के पीछे का चेहरा पढ़ता हूँ।

सवालों के ज़ख़्म

मुझसे अतीत का हिसाब ना दिया जायेगा,
तेरे सवालों का जवाब ना दिया जायेगा।

तेरे जज़्बातों से हर शख़्स खेला है,
मुझसे इस व्यथा का बखान ना किया जायेगा।

बदन के घाव होते तो मरहम लगाते,
दर्दे दिल का इलाज ना किया जायेगा।

शायद ये आसमान ही कोई फ़रिश्ता भेजे,
दुआओं का असर तब देखा जायेगा।

चाह और राह

कुछ यादें, कुछ तराने, कुछ नज़्में जुटाओ,
ग़ज़ल बन जायेगी, तुम क़लम तो उठाओ।

बोझ उठाने से झुकी है कमर तो क्या हुआ,
यह पत्थर भी खिसक जायेगा, तुम ज़ोर तो लगाओ।

मयस्सर नहीं एक छत, तो क्या हुआ,
नींद आ जायेगी, बिस्तर तो बिछाओ।

राह मिली है तो रहबर भी मिलेगा,
मंज़िल दिख जायेगी, तुम पाँव तो बढ़ाओ।

आशियाना

थोड़ी दूर साथ चल फिर लौट जाना,
बातों में कट जायेगा सफ़र ये सुहाना।

अँधेरे ने अपनी चादर डाल रखी है,
नहीं तो नज़र आता मेरा आशियाना।

तपती ज़मीन पर बारिश की बूँदों से निकला है,
साँसों में भर लो ये ख़ुशी का ख़ज़ाना।

तेरे भीतर एक बालक सोया होगा,
फ़ुर्सत में उसे पुचकार कर जगाना।

मोलभाव

मोलभाव हो रहा, बाज़ार गरम है,
बिचौलियों की आँखों से ग़ायब शरम है।

न्याय की देवी ने उतार रखी है पट्टी,
तौल रहें है इन्सान या मेरा भरम है।

पट्टे पर आदमी बिके, सट्टे पर आदमियत,
बाज़ारी व्यवस्था शिखरे चरम है।

तुग इन्सानियत लेकर बाज़ार में आ गये,
आजकल इसका भाव नरम है।

दिशाहीन

छाँव की तलाश में दूर निकल आये,
अपनी कुटिया को वीरान छोड़ आये।

इस शहर के दरख़्तों पर पत्ते नहीं हैं,
कंक्रीट के जंगल में परिन्दे कहाँ फड़फड़ाये।

आगे दरिया है या मृग मरीचिका,
भीड़ भाग रही है, हमने भी पाँव बढ़ाये।

बहुत दूर दौड़ लिए सड़क के समान्तर,
चौराहे पर खड़े हैं, कोई रास्ता बताये।

सुकून

आओ कुछ देर पास बैठो तो दिल को आराम आये,
रूह को सुकून मिले, मन से थकान जाये।

मैं तो नाउम्मीद हो चला था मेरे दोस्त,
तुम आये तो परेशानियों को पनाह आये।

दो चार घड़ी बैठकर चुपके से चले जाना,
फिर कब दीदारेयार हो, कब तक ये मन पछताये।

मैं तो छाया छूने से भी डरता था,
तुमने हाथ बढ़ाया तो दिल को क़रार आये।

छोटी कहानी

चन्द लफ़्ज़ों में बयाँ हो जायेगी,
छोटी कहानी है, कहाँ तक जायेगी।

मैं भटक रहा था एक श्रोता की तलाश में,
आज आप मिले हैं, तो ज़ुबान तक आयेगी।

इस भीड़ में खोये हैं सारे मुसाफ़िर,
किसी को पता नहीं राह किधर जायेगी।

जब थक जायें तो इशारा कीजियेगा,
मेरी ज़ुबान ख़ामोश हो जायेगी।

अन्तहीन सफ़र

फ़ुर्सत के इन्तज़ार में उम्र गुज़र गयी,
तम्मनाओं की शाम हुई, हसरतें उजड़ गयी।

यह सड़क मुझे खींच लायी दूर तलक तक,
कहाँ हैं पत्थर मील के, राहें भटक गयी।

अगले पड़ाव पर रुककर पानी पियेंगे जी भर,
यह सोंचकर चलते रहे, अब प्यास भी सूख गयी।

न राह रही, न रहबर रहा, न कोई हमसफ़र,
बेख़ुदी में भागते रहे, मंज़िल जाने कहाँ गयी।

वादे

कुछ सीढ़ियाँ उतरकर जब नीचे आयेंगे,
तब आप मुझसे हाथ मिला पायेंगे।

ऊँचाई से कुछ साफ़ नज़र आता नहीं,
सीधी नज़रों से ही मुझे देख पायेंगे।

मेरे हमशकल हैं बहुत इस लम्बी क़तार में,
किस किस से आप नज़रें चुरायेंगे।

कुछ वादे करके आप भूल गये शायद,
आज हम आपको, याद दिला के जायेंगे।

घुटता दम

ज़रा सोच, क्या सौग़ात तुम कल के लिए छोड़ जाओगे,
धूल, धुएँ से घुटकर मरने, पीढ़ियों को छोड़ जाओगे।

क़हर होता क़ुदरत का, तो उसे दोष दे देते,
तूने रोपा पेड़ बबूल का, तो आम कहाँ से खाओगे।

याद करो वो दिन, जब पहली बारिश में नहाते थे,
अब बारिश की बूँदों से, ख़ुद ही जल जाओगे।

कल अमराई से आती बयार, साँसों को सींचती थी,
अब दम घुटता है साँस लेने से, जान कैसे बचाओगे।

मौत के दायरे से ना कोई बचा है, ना बचेगा,
घुट घुटकर ना मरें, कोई तदबीर बताओगे?

एक श्रद्धांजलि ऐसी भी

कोई मसीहा नहीं, इन्सान मरा है,
आँसू क्यूँ बहाते हो।
उसकी मौत को भंजाने का इन्तज़ाम करो,
आँखें क्यूँ सुजाते हो।

क्या हुआ वो एक साइंसदा था,
विद्वान था, गणित की गुत्थियाँ सुलझाता था।

देशभक्ति उसे इस वतन में वापस खींच लायी,
नासा की सफलता भी उसे बाँध नहीं पायी।

विश्वासघात, बेवफ़ाई ने उसे कहीं का न छोड़ा,
उदासीन प्रशासन ने उसे पागल कर छोड़ा।

उसका नाम वशिष्ठ था, पर तुम क्यूँ राम बनते हो,
भक्तिभाव दिखाने को राजपाट छोड़ते हो।

सहानुभूति है, आक्रोश है, इसे अपनी ओर मोड़ लो,
जनता है ग़ुस्से में, कुछ और वोट निचोड़ लो।

बोलो जल्द ही उसकी स्मृति में स्मारक बनवायेंगे,
विश्वविद्यालय खोलकर ग़रीब बच्चों को पढ़ायेंगे,
जाँच करवाकर दोषियों को जेल भिजवायेंगे।

कुछ दिन बाद लोग वादे भूल जायेंगे,
जनता को लुभाने नये वशिष्ठ मिल जायेंगे।

(डॉ. वशिष्ठ नारायण सिंह)
(अप्रैल 2, 1942 - नवम्बर 14, 2019)

चुनाव के बाद

ईमानदार तदवीरों से तस्वीर बदल गयी,
कुछ लोगों की तक़दीर भी बदल गयी।

पर राह कठिन है पनघट की यह याद रखना,
जो वादे कर आये हो, उसे पूरा करने के इरादे भी रखना।

जश्नो उल्लास का पल क्षणिक हो यह याद रखना,
सूखे खेत प्यासे ना रहें ये याद रखना।

करोड़ों नौजवान आँखों की हसरत है कुछ करने की,
उनके बाज़ुओं की ताक़त को ज़ाया मत करना।

आम इन्सान

यह आदमी ज़िन्दगी में कुछ कर नहीं पाया,
आरज़ू, इन्तज़ार के चक्कर में बस उम्र गँवाया।

लाइन तोड़कर लोग आगे निकलते रहे,
अपनी बारी पर हमेशा खिड़की बन्द पाया।

राशन, किरासन की क़तार के बाहर,
एक और ज़िन्दगी है, वो देख नहीं पाया।

यह सोचकर कि अगली तरक़्क़ी में नाम होगा,
दिन रात फ़ाइलों में माथा खपाया।

टूटी चप्पल, फटा स्वेटर, पर ज़िन्दगी बेदाग़ रही,
आप बतायें कि उसने क्या खोया और क्या पाया।

उत्तम खेती

उत्तम खेती, मध्यम व्यापार,
अधम चाकरी, भीख निधान।

वर्षों पहले एक कहावत सुनी थी,
उत्तम है खेती, चाकरी अधम है।

कालान्तर में परिभाषाएँ बदलीं,
समीकरण टूटे, दशा और दिशाएँ बदलीं।

चाकरों ने कुछ ऐसी चतुराई दिखाई,
उत्तम किसानों से भीख मँगवाई।

उनको केन्द्र में रखकर ऐसी योजनाएँ बनाई,
कि परिधि पर बैठे साहूकारों ने मलाई उड़ायी।

जो दुर्बल थे, दिशाहीन थे,
वो पेड़ से लटक गये।
जो मर ना सके,
लम्बी मौत जीने को मजबूर हुए।

अन्नदाता ख़ुद अन्न के लिए मजबूर हैं,
प्रगति है मृग मरीचिका, अभी उनसे कोसों दूर है।

खेतों से थाली के बीच, बैठे इतने दलाल हैं,
बेहाल है किसान, बिचौलिये मालामाल हैं।

तपस्या मानो तो कृषि उत्तम है,
जीविका मानो तो निर्मम है, अधम है।

बचपन वापस

कुछ उन्मुक्त क्षण ना जाने कहाँ से मिल गये,
बहुत सुकून है, कई बन्धन खुल गये।

प्रश्नों को करने दो इन्तज़ार, उत्तर देने की जल्दी नहीं,
कुछ नहीं होगा, जो प्रश्न अनुत्तरित रह गये।

नहीं पता था कि ज़िन्दगी में, इतने अनछुए आयाम हैं,
बरसों तक बहुत सारे अरमान सोये रह गये।

ना समय के साथ चलने की जल्दी है,
ना समय के आगे निकलने की चाहत,
समय से तो आज भी बँधे हैं, पर गाँठ ढीले पड़ गये।

दोस्ती, रिश्तेदारी में अब आ गयी है गरमाहट,
छोड़ दी नौकरी, हम फिर से बालक बन गये।

छोड़ दी नौकरी...

घायल

हथियार दिखते नहीं, पर सीना छलनी होता है,
सामने से तो सावधान रहता हूँ, पर वार पीछे से होता है

दुश्मनों की ख़ंजर में शायद जंग लग चुकी है,
दोस्तों की ज़ुबान से, जिगर चाक चाक होता है।

इस गली में यारो बार बार लुटा हूँ,
उसकी एक मुस्कान पर क़त्लेआम होता है।

मैं नतमस्तक हूँ मन्दिर में, दोस्त सजदे में है मस्जिद में,
इन पाक साफ़ जगहों से क्यूँ जंगे ऐलान होता है।

ईश्वर ख़ुद अचम्भित है, अपनी रचना पे,
इन्सान में बुद्धि डालने का ये परिणाम होता है!

परिवर्तन की आस

उन्हें सन्ताप है कुर्सी खोने का, उनको डर है कुर्सी जाने का,
व्यभिचार करने चला उपचार, मर्ज़ दूर कैसे होगा।

अख़बारों समाचारों में सिर्फ़ विचार उछलते हैं,
मैं हूँ पाक साफ़, दंगा उसने किया होगा।

घरों में जगह नहीं, लोग सड़कों पर बसते हैं,
पत्थर थमा दो, फिर सड़क लाल हुआ होगा।

उनके घिसे पिटे विचारों से परिवर्तन क्या होगा,
नये जुमले आयेंगे, दिलों में दरार होगा।

तरुणई ले रही अँगड़ाई, कल नया सवेरा होगा,
नयी कोपलें निकल रही हैं, नया रैनबसेरा होगा।

दिल की बात

जब दिल की बात दिमाग़ से बोली जाती है,
स्वाद घट जाता है, मिठास चली जाती है।

आपके दर से बार बार ख़ाली हाथ लौटता हूँ,
मेरी समस्या हमेशा कल पर टाली जाती है।

सर्द बरसाती रातों में भर जाता है रैनबसेरा,
पर भूखे पेट अब नींद कहाँ आती है।

आपके दस्तरख़ान पर तो परोसी भी नहीं जाती,
फिर भी मेरी सूखी रोटी, क्यूँ हमेशा छीनी जाती है।

ना मेरी फ़रियाद में असर रहा, ना जोश मेरी ज़ुबान में,
आज सन्त कबीर की याद बहुत आती है।

एकलव्य

अँगूठा दे दी गुरुदक्षिणा में,
फिर भी प्रत्यंचा चढ़ा लूँगा।
मैं एकलव्य हूँ,
दाँतों से सर सन्धान कर लूँगा।

अभिशापित हूँ, अभिशप्त नहीं,
दिव्यांगों की उत्प्रेरणा हूँ।
प्रारब्ध मैं हूँ, परिणाम तुम हो,
तेरे जीवन की संवेदना हूँ।

घने, कँटीले अरण्य में तू चलता चल,
तपती मरुभूमि में, नंगे पाँव बढ़ता चल।
पर दृष्टि हटे ना लक्ष्य से,
दिग्भ्रमित मत होना।
तू सर्वश्रेष्ठ ना सही, सर्वमान्य है,
कभी विचलित मत होना।

बुनियाद

तेरी उड़ान ऐसी हो कि आसमान छोटा पड़ जाये,
पर माँ के सामान के लिए, मकान ना छोटा हो जाये।

पुरस्कार की क़तार में हमेशा आगे रहो तुम,
पर उस दिन भी तुम्हें, मास्टर जी की छड़ी याद आये।

तेरे लेख संलेख देश परदेस में छपे,
पर सूर, तुलसी, कबीर के दोहे ना भूल पाये।

तेरी माँ, अपनी सास को खाना खिलाकर खाती थी,
आज जश्नो उल्लास के माहौल में, कहीं माँ ना भूखी सो जाये।

बुनियाद हिली तो दीवारें भी दरक जायेंगी,
ताश के पत्तों की ये इमारत ना कहीं ढह जाये।

आत्मावलोकन

कौन जानता था कि कुछ ऐसे पल भी आयेंगे,
कालचक्र के नियामक ही एक दूजे से टकरायेंगे।

धर्म, पन्थ, संवेदना हैं जीवन के मूल तत्त्व,
इन्हें हथियार बनाया तो, ख़ुद भस्मित हो जाओगे।

अँधेरा देता है अवसर आत्म विवेचना का,
आँखें बन्द करके ही तुम स्वयं से मिल पाओगे।

श्रुतियों, उक्तियों, लिपियों से होकर धर्म तुम तक पहुँचा है,
तुम तो व्याख्या करने बैठ गये, मुझे सार कब समझाओगे।

तेरी नियति की निर्णायक बहस आज भी जारी है,
सूर, कबीर, तुलसी से पूछो, शायद जवाब पा जाओगे।

श्रद्धांजलि बीच सड़क के पेड़ को

एक पेड़ था बीच सड़क का, वो शहर की पहचान था,
गवाह था इतिहास बनने बिगड़ने का, पर मौत से अनजान था।

सुना एक दिन यूँ ही धराशायी हो गया,
भूजल ना मिला, जड़ें सूखीं, निष्प्राण हो गया।

जेठ की दुपहरी में, उसकी छाया में लोग सुस्ताते थे,
छोटे मन्दिर में, श्रद्धावश माथा झुकाते थे।

नौजवान उसकी छाया में क्रान्ति के सपने बुनते थे,
वादों, प्रतिवादों, विवादों के शब्द वहाँ गूँजते थे।

पटना शहर की जान था, परिवर्तन का प्रवाह था,
बनते बिगड़ते प्रेम प्रसंगों का मूक गवाह था।

जब गूगल नहीं था तो सारी दिशाएँ वहाँ से जुड़ती निकलती थी,
बस उसके दायें बायें हमारी मंज़िले बसती थी।

जल संचित कर बचा लो पेड़ों को, अपनी जान भी,
आज एक पेड़ नहीं रहा, कल मिट जायेगी तेरी पहचान भी।

(पटना कॉलेज गेट के सामने, अशोक राजपथ
पर अवस्थित पेड़ की स्मृति में श्रद्धासुमन...)

इज़हार

इज़हारे इश्क़ में हरकतें ऊटपटाँग करते हो,
जवाब कुछ और चाहिए, सवाल कुछ और करते हो।

घर के हर कोने में पड़ी हैं, उदास, अधूरी ग़ज़लें,
उनका दिल ना दुख जाये, शब्द नर्म ढूँढ़ा करते हो।

शिव ने विषपान कर लिया, ईशा सूली चढ़ गये,
इन्सानियत बदल जायेगी, तू ख़ामखा उम्मीद करते हो।

तेरे दोस्त तो मुक्ति के लिए प्रलय की आस लगा बैठे हैं,
उनसे बस मुक्त हो लो, क्यूँ उनकी संगत करते हो।

चिलमन के उस पार, आस लगाये खड़ी है तेरी मोहब्बत,
झटके से परदा खेंच दो, क्यूँ हवा का इन्तज़ार करते हो।

हिसाब किताब

आपकी सलाह मानकर बहुत धोखा खाया,
सुख दिखाया नफ़रत मिली, दुःख बताया तो ज़िल्लत पाया।

मिल बाँटकर जीने की रवायत तो अब रही नहीं,
लूटपाट की कला में हर इन्सान को माहिर पाया।

नुक्कड़ के आगे कुछ दोस्त बसा करते थे,
आज उनके दरवाज़े पर भी ताला लटका पाया।

मन्दिर, मस्जिद, गिरजा, गुरुद्वारे उसे ढूँढ़ता रहा,
आज दोपहरी में, उसे बगिया में, गाढ़ी नींद सोया पाया।

आँकड़ों के जंजाल से जब बाहर निकलकर देखा,
ज़िन्दगी के हिसाब में ना कुछ खोया ना पाया।

भय या भक्ति

भय को भक्ति की चादर में छिपाये,
निकल पड़े हैं भक्त, भगवान को रिझाने।

कान्हा को भावे साग विदुर की,
उसको चले हो मेवा मिष्ठान चढ़ाने।

कभी खाया है कभी किसी शबरी के जूठे बेर,
राम का मर्म तो केवट-शबरी ही जाने।

ईसा ने बाँटी प्रियजनों को सूखी रोटी,
वो भला पकवान का स्वाद क्या जाने।

नानक ने निकाली लोलो की चपाती से दूध की धार,
मालिक भागो के पकवान से रक्त धार ही निकाल डाले।

आज सुबह जो भिक्षुक बन तेरी तक़दीर बनाने आया था,
तूने तो उसे दुत्कार कर दरवाज़े से भगा डाले।

गर भक्त हो तो भगवान से माँगते क्यों हो,
जितना उचित है तुम्हारे लिए, उसने पहले ही दे डाले।

सम्बन्ध

फटा हुआ है, धागे उधड़ गये, पर ख़ुशबू अभी आती है,
बहन के बुने स्वेटर से, आज भी गर्मी आती है।

शब्दों को छेड़ छाड़कर महफ़िल को तो हँसा लेते हो,
भावनाओं को जब छेड़ते हो, आँसू निकल आती है।

उस टूटे हुए मकान में ना जाने क्या छोड़ आये हो,
गिरती हुई दीवारों से तेरी आवाज़ आती है।

हज़ार मुश्किलों से सहेजी बेशुमार दौलत जिनके लिए,
क्या उन्हें भी कभी तेरी क़ुर्बानी याद आती है?

आसमान में उड़ते परिन्दों को आज जी भर के देख लो,
कोई नज़ारा ना रह जायेगा, जब आँखें बन्द हो जाती हैं।

मौत पर राजनीति

एक मौत है सुर्ख़ियों में, इसे मिलजुल कर भँजाते हैं,
कुर्सी बचाने की जगह अपनी सल्तनत बचाते हैं।

कुर्सी तो आज आपकी है, कल मेरी हो जायेगी,
पर राजनीति सिर्फ़ अपनी चले, कुछ जुगाड़ बैठाते हैं।

कुछ वाक् निपुण गुर्गे आप छोड़िये, कुछ हम छोड़ेंगे,
टी.वी. की बहसों में चीख़ चीख़ कर लड़वाते हैं।

सुना है एक टीम अब सचमुच जाँच में लगी है,
कुछ अफ़वाह फैलाकर जाँच की दिशा भटकाते हैं।

आहत, दुखी परिवार के आँसू, थक हारकर सूख जायेंगे,
भीड़ को परोसने के लिए, कोई चटपटी ख़बर ढूँढ़ लाते हैं।

चुनाव जनता द्वारा, जनता के लिए होते रहेंगे,
परिणाम चाहे जो भी हो, बस मिल बाँटकर खाते हैं।

पंखुड़ी

पंखुड़ी से फूल बना, फूल से माला बनती है,
माला गले की शोभा बनती, पंखुड़ी भूल जाती है।

पल पल जोड़कर बनता जीवन, याद हमेशा रहता है,
जीवन का सार सँजोता है पल, पर पल में वो भूल जाता है।

बूँद बूँद बनती है धारा, धारा सागर बन जाती है,
सागर की इठलाती लहरों को, बूँद कहाँ याद आती है।

वो इन्तज़ार में बैठा रहा कि कभी उसपर भी चर्चा होगी,
चटपटी ख़बरें जो बिक सकें, अब वही दिखाई जाती हैं।

शुक्र है कि कुछ ज़ाहील देहातियों ने, मुल्क की इज़्ज़त बचाये रखी है,
ज़हीनों की बस्ती में तो रोज़ इन्सानियत नीलाम की जाती है।

यादें

यादें कभी सुख, कभी दुःख देती हैं; पर साथ सदा रहती हैं,
लोग बिछुड़ जाते हैं, सिर्फ़ यादें रह जाती हैं।

उदासी तो केवल तन्हाई की मुजरिम है,
ये यादें हैं जो होंठों पर मुस्कान छोड़ जाती हैं।

किसी उलझन में पड़ो तो दादी को याद कर लेना,
तेरे सारे सवालों का वो जवाब छोड़ जाती हैं।

वो सुबह कुछ उदास, कुछ रुआँसी सी लगती है,
जब अख़बार के साथ तेरी चाय नहीं आती है।

माफ़ करना मेरी फ़ितरत है, भूल जाना मेरे बस में नहीं,
कड़वी यादों में एक कशिश है, जो भूल नहीं पाती हैं।

राह

तुम फ़ना हो जाओगे आवाज़ में असर होने तक,
वो जुदा हो जायेंगे, उनको ख़बर होने तक।

तेरी फ़रियाद शायद ऊपरवाले तक पहुँचती नहीं,
राह रोके खड़े हैं बिचौलिये, ज़मीं से फ़लक तक।

भीड़ में तो सारे दोस्त ही दिख रहे हैं,
तेरी नज़र नहीं पहुँच रही, उनके आस्तीन के ख़ंजर तक।

तू तो समझ रहा है, वो ध्यान से सुन रहा है,
लोग दिल के भाव छिपा लेते हैं, चेहरे पर आने तक।

मंज़िल ना दिखी, ना मिली, राही मिलते रहे,
बस राह ने साथ निभाया, सिफ़र से सैकड़े तक।

कैसी मोहब्बत

हमेशा मेरे शब्द संवेदनाओं से हार जाते हैं,
जब तुम्हारे साथ गुज़रे वो क्षण याद आते हैं।

उन सतहों पर तेरा स्पर्श अभी ज़िन्दा होगा,
बार बार छूकर मेरे अरमान जाग जाते हैं।

ना छपने छपाने से, ना सुनने सुनाने से,
दिल से निकले अल्फ़ाज़ हैं, दिल ही को समझ आते हैं।

कभी बेवजह की हिचकियाँ, कभी रातों की नींद उड़ जाना,
तुम्हें याद आ रहे हैं हम, संकेत समझ जाते हैं।

ना गिले, ना शिकवे, ना हसरतें, ना उम्मीदें,
ये कैसी मोहब्बत है, लोग समझ नहीं पाते हैं।

गुज़रा वक़्त

डायरी के पुराने पन्नों से, शब्दों की ज़िन्दगी जगती है,
टूटे हुए ग्रामोफ़ोन से भी कभी मधुर धुन बजती है।

बिना कनेक्शन के फ़ोन को उठाकर सुना करता हूँ,
लगता है आधी रात को, कभी इसकी घण्टी बजती है।

लगता है मोगरे के पौधे में नयी कलियाँ निकली हैं,
जब आज भी कभी ख़यालों में तेरी साँस छूकर निकलती है।

जो बीत गया अति सुन्दर था, आयेगा भी अति सुन्दर होगा,
बस रोज़ गुज़रते पलों से, अपनी नोकझोंक चलती है।

ना वक़्त कभी मरता है, ना यादें कभी मरती हैं,
तेरे तनहा उदास लम्हों में, ये साथ साथ चलती हैं।

खेती

तुम तो ज्ञान के अहंकार से दबे हो, मेरी व्यथा क्या समझ पाओगे,
मैं हूँ खेतों में कीचड़ से लतपथ, मुझसे कैसे गले लग पाओगे।

अब जरखेज़ ज़मीनों में बीमार फ़सल है उग रही,
जब ज़हर परोसोगे तो अमृत कहाँ से पाओगे।

खाद, कीटनाशक से उपज बढ़ाई, कोठिले भर लिए,
इस अनाज से पेट तो भर लेते हो, मन कैसे भर पाओगे।

तेरे खेतों ने तुझसे अब बतियाना छोड़ दिया है,
इस टूटे संवाद को अब कैसे जोड़ पाओगे।

एक हिन्द बसता है इन खेतों में, जो सच बोलता है, सच जीता है,
खेती बना उद्योग तो सिर्फ़ व्यापारी रह जाओगे।

सफ़ेदपोश

मैं गिद्धों को सलाम करता हूँ,
जो मरने के बाद मांस नोच खाते हैं,
कुछ सफ़ेदपोश भेड़िये तेरे बीच में बैठे हैं,
जो ज़िन्दा गोश्त चबाते हैं।

कभी राष्ट्रवादी, कभी समाजवादी, कभी साम्यवादी,
कभी तो मानववादी बन फुसलाते हैं,
तेरा जिस्म, दिमाग़ गिरवी रख,
तुझे सूद पर चलाते हैं।

दसों दिशाओं में है, इनकी मिल्कियत,
ज़मीन से आसमान तक,
कभी भय से, कभी आँसू से भरमाकर,
तेरी वफ़ादारी पर ऐश उड़ाते हैं।

सड़कों, सीमाओं पर जब तू,
ख़ून बहाता है, फ़ना हो जाता है,
उनके बच्चे, पाँच सितारा होटलों में,
रोगन जोश खाते हैं।

वो कभी मसीहा बन, कभी फ़रिश्ता बन,
चार-पाँच साल में आते थे,
अब तो महीने दो महीने में आते हैं,
तेरे बच्चों को उठा ले जाते हैं।

वर्ष 2020

हमारे संकल्प, सहयोग पर सवालिया निशान लगा जायेगा,
वर्ष 2020 कुछ अनुत्तरित प्रश्न छोड़ जायेगा।

शासकों ने संस्थाओं को नित अपमानित किया,
क्या प्रजातन्त्र भी इनके अहम् की भेंट चढ़ जायेगा।

कोरोना से लड़ रहे हैं, सब एक असंगठित जंग,
लाखों मौतों का ठीकरा किसके सर फोड़ा जायेगा।

दुनिया ने जनतन्त्र की मशाल हमें सौंपी थी,
क्या पता था, ऐसा मशालची घर जलाने आ जायेगा।

समय ज़ख़्म भर देगा, कुछ दाग़ रह जायेंगे,
नयी पीढ़ी द्वारा चीरफाड़ कर, विश्लेषण किया जायेगा।

वर्ष 2021-6 जनवरी

आहत लोकतन्त्र, अपमानित लोकमत, प्रजातन्त्र का आसन ध्वस्त हुआ,
आज हमारी काली करतूतों ने जनतन्त्र को शर्मसार किया।

हम तो दुनिया को जम्हूरियत का पाठ पढ़ाते थे,
कुछ वादों प्रतिवादों में भटक गये, इरादों का क्या हुआ।

आज क्यूँ अपने पड़ोसी को हिक़ारत की नज़र से देखते हो,
सत्ताधारों के बहकावे में तूने समभाव ही छोड़ दिया।

उसने बड़ी चतुराई से तुझे ख़ंजर थमा दिया,
अक़्ल के अन्धे, तूने माँ के ज़िगर में ही भोंक दिया।

अपने बच्चों से नज़र मिला सको तो मुझे भी बताना,
इस अन्धभक्ति में तूने क्या पाया और, क्या खो दिया।

कोरोना

कोरोना संक्रमण

संयम से संशय मिटेगा, फिर आत्मबल बढ़ेगा,
संगठित सहयोग से कोरोना घटेगा, मरेगा।

एक माहौल है, डर का, अनिश्चय का चहुँ ओर,
इन्सान अपने निश्चय से, इससे वापस ज़रूर निकलेगा।

मर्ज़ के भीतर ही दवा छुपी रहती है,
शोध, उपक्रम, साधन से परिणाम कल निकलेगा।

परीक्षा की घड़ी है, हौसले की ज़रूरत है,
मिल गये करोड़ों हाथ, विजय का सौग़ात मिलेगा।

कोरोना पर विजय

युगों के बाद फिर परीक्षा की घड़ी आयी है,
शत्रु एक, धरे रूप अनेक, मानवता पर ही बन आयी है।

यह प्रतियोगिता नहीं, प्रतिभागिता है,
हम सभी परीक्षार्थी हैं,
आत्मबल, संयम, सहयोग से जीत पायेंगे,
यह अलग क़िस्म की लड़ाई है।

कोरोना पैठ जाता है तन में,
पर मन पर भी प्रहार करता है,
सामान्य मानवीय मूल्यों को,
तोड़ता, झँझोड़ता है।

प्रहार करने में कोई भेदभाव नहीं करता है,
पर हम सबमें वैमनस्य बढ़ाकर, हमें कमज़ोर करता है।

चलो, हाथ मिलाकर ना सही, हाथ जोड़ स्वागत करते हैं,
थोड़ी दूरियाँ बढ़ाकर, दिलों से दिल जोड़ते हैं।

आमन्त्रित करो अपने अन्दर के मानवीय दिव्यास्त्रों को,
प्रहार करो इस शत्रु पर, आज़ाद करो हम बेचारों को।

कर्मवीर

तुझे देखा है कई रूपों में, परेशानियों से जूझते हुए,
कभी डाक्टर बन, अस्पतालों में यमराज से लड़ते हुए।

कभी नर्स बन बीमार का माथा सहलाते हो,
कभी वार्ड ब्वॉय बन, गन्दगी को दूर भगाते हो।

तुझे देखा है अनियन्त्रित भीड़ से पत्थर खाते,
या भीषण आग में जलती इमारतों से ज़िन्दगी बचाते।

महँगाई, असुविधा, कुव्यवस्था पर चर्चा तो करते हो,
पर कोई विपत्ति आन पड़ी तो तत्काल निपटाने दौड़ते हो।

तू कर्मवीर है, निडर खड़ा है सीमाओं पे,
तेरी दृष्टि रहती आसमान और गुफ़ाओं में।

जब सर्द रातों में, पर्वतों पर तेरी साँस फूलती है,
तब गर्म कमरों में, नर्म बिस्तर पर मेरी साँस चलती है।

कोरोना का इलाज

थोड़ी होशियारी, थोड़ी समझदारी चाहिए,
विपदा है बड़ी भारी, समेकित तैयारी चाहिए।

वेदों, पुराणों, धर्मग्रन्थों को खँगाल डालो,
ऋचाओं, छन्दों, आयतों से कोई नुस्ख़ा निचोड़ डालो।

कोरोना अतिशय चतुराई से खेल खेल रहा है,
पर अपने विनाश के अवशेष भी छोड़ रहा है।

ज्ञान बाँटो, यह बाँटने से बढ़ता है,
चर्चा, आलोचना से सजता सवरता है।

इस संकट को मौक़ा समझ, राजनीति मत चमकाओ,
ना ही आर्थिक हथियार बना, अपनी जेब गरमाओ।

ना हाथ मिलाओ, ना गले मिलो, बस दिल जोड़ लो,
पर सूचनाएँ साझी कर बस इलाज ढूँढ़ लो।

कोरोनाकाल पलायन

मैं भूखा हूँ, थका हूँ, पर जीवित हूँ,
इन अन्तहीन राहों का, लक्ष्यहीन पथिक हूँ।

जब भी कभी कोई आपदा आती है,
मेरी यात्रा बस शुरू हो जाती है।

बाढ़ हो, बीमारी हो या युद्ध का ज़माना,
हर वक़्त उजड़ता है, मेरा ही आशियाना।

चाहे देश की आज़ादी के बाद बँटवारे में,
विश्वयुद्ध के बाद वर्चस्व बढ़ाने में,
बांग्लादेश में जनादेश दबाने में,
या कोरोनाकाल में, रोज़गार छिन जाने में।

मेरी क़िस्मत है उजड़ना, उजड़ता रहूँगा,
कल भी उजड़ा था, कल भी उजड़ूँगा।

पर मैं हमेशा चला हूँ, बस चलता रहूँगा,
ख़ून पसीने से तेरी बगिया सींचता रहूँगा।

मेरी बनाई पकवान तेरी टेबल पर सजेगी,
पर मेरे लिए आलू और सूखी रोटी ही बचेगी।

फ़िक्र ना कर, नदी में डुबकी लगा, थकान धो लूँगा,
खेतों में मचान पर गहरी नींद सो लूँगा।

फिर लौटूँगा तेरा आशियाना सजाने,
तेरी रुकी हुई गाड़ी को धक्का लगाने।

पर हो सके तो एक एहसान कर देना,
किसी कोने में, मेरी चारपाई की जगह छोड़ देना।

किसी कोने में, मेरी...

रस

सौन्दर्य

सुबह पौ फटते ही, उसे छत पर
बालों से बूँदों को, झटकते देखा है।
क्या तूने कभी सादगी और सौन्दर्य का
ऐसा संगम देखा है।

जो रिश्ता है, चाँद का चकोर से,
लालिमा का भोर से,
सावन का मोर से,
अँधेरे का अँजोर से,
पतंग का डोर से,
उसी रिश्ते का सौन्दर्य, मैंने
उसकी सादगी में देखा है।
नरम दूब पर, उसके क़दमों
का निशान देखा है।

जब सूर्य की किरणें,
ओस की बूँदों से छनकर,
इन्द्रधनुष बनाती हैं,
या फिर बारिश की फुहारों से मिलकर,
पुरवाई मल्हार गाती है।
वही सुकून, मैंने उसके चेहरे पर,

माघ की नर्म दुपहरी में,
स्वेटर बुनते हुए देखा है।
मैंने सादगी से जन्मी,
ऐसा अद्भुत सौन्दर्य देखा है।
मैंने सादगी...

रौद्र

जब क्रोध उफनता है तो विध्वंस होता है,
शिव करते हैं ताण्डव, सृष्टि का अन्त होता है।

क्रोध को सीमाओं में बाँधो, ऊर्जा संचय करो,
जैसे संचित है, विशाल सागर में,
गगनचुम्बी हिमालय में,
परमाणु की नाभि में,
सन्तों की वाणी में,
माँ के वात्सल्य में,
वेद की ऋचाओं में,
सूर्यदेव की आभाओं में,
रुद्र का रौद्ररूप विनाशकारी होता है,
जब शान्त हों शिव तो कल्याणकारी होता है।

आक्रोश की नरम आँच, उत्साह बढ़ाती है,
जब तेज़ हो आँच, तो ख़ुद को जलाती है।

वीभत्स

कभी देखा-सुना होगा हिटलर मुसोलिनी के क़त्लगाहों में,
लाज लुटती माँ बहनों की चीख़तीं आहों में,
चीरहरण के वक़्त, द्रौपदी की बेबस निगाहों में,
अपनी ही रसोई में अग्नि को समर्पित, बहुओं की क़राहों में,

हिरोशिमा, नागासाकी, वियतनाम, चेरनोबिल के विध्वंस में,
या, नौ ग्यारह को गिरते टावर से उठती चीख़ों में,
या, छब्बीस ग्यारह को क़त्लेआम हुए मासूमों की चीत्कारों में,

हज़ारों मंज़र हैं, जो तेरे वजूद को हिला देंगे,
अगर बन गये हो पत्थर, तो पिघला देंगे।

ऐ मानव, ये सारे गुनाह तेरे हैं,
तू तो समाज, संस्कृति का रक्षक है।
फिर दानव क्यों बुरे हैं,
वो तो स्वभाव से ही भक्षक हैं।

झाँक अपने तन मन में,
यह वीभत्स रूप भी तेरा है।
तेरे हाथ ही सुबह की सुहानी रोशनी,
या, विनाश का घुप अँधेरा है।

वात्सल्य

एक अमृत है, जो रगों में जीवन बन दौड़ता है,
एक भाव है, जो पीढ़ियों को एक दूसरे से जोड़ता है।

इसे तुलसी ने सुना कौशल्या के ठहाकों में,
वसुदेव ने देखा, कान्हा से बिछुड़ते, देवकी की आहों में।

सूर ने हर रोज़ देखा, वृन्दावन में यशोदा की चितवन में,
स्वयं राम ने देखा, जूठे बेर खिलाती शबरी के उस उपवन में।

तुमने भी तो महसूस किया होगा, अपने कठोर पिता को,
मध्य रात्रि में चुपके से तेरा माथा सहलाते।
या फिर माँ को बार बार तेरी चीज़ों को सँवारते सजाते।

एक अनुराग है, जो लौटाने चले तो ख़ुद लुट जाओगे।
एक अनमोल थाती है, अगली पीढ़ी को सौंप, क़र्ज़मुक्त हो जाओगे।

भक्ति

ख़ुसरो ने त्यागा मैं को, फिर आप हो गया,
आप हो गये मैं, और मैं आप हो गया।

दास कबीरा दर दर ढूँढ़ा, लाँघा दरिया और पहाड़,
आँखें मूँद जब भीतर झाँका, प्रभु दिखे मन शान्त हो गया।

कर जोड़े खड़ा है मूरख, याचक बन, ठण्डे पानी में पैठ,
कितना उचित है कब तेरे लिए, रब ने पहले ही लिख दिया।

अँसुवन से धोया पाँव राम के, केवट नदी के तीर,
केवट तो पार गया भवसागर, प्रभु को मँझधार छोड़ दिया।

भक्त के वश भगवान, रिश्ता बूँद और सागर का,
भटकी बूँद लिप्त हुई सागर में, सागर तृप्त हो गया।

ख़ुसरो ने...

कुछ आँचलिक भी

छठ गीत

कर जोड़ि खाड़ गंगाजल में, ब्रती करेलि गुहार,
छठी मइया बन ना सहाय, कोरोना से कर अब उद्धार,
आदित्य मल बन ना सहाय, कोरोना से कर बेड़ा पार।
छठी मइया...

हाथ जोड़ी बोलेला ललनवा, सुन विनती हमार,
बन्द बा पढ़ाई और खेलाई भी, मन लागे ना हमार।
छठी मइया...

सूरजमल तेज़ बा तोहरा किरन में, कर शत्रु के संघार,
छठी माई महिमा अपार बा, कर कोरोना से उद्धार।
छठी मइया...

अमेरिका में का बा

महल अटारी आकाश छूवत बा,
फ्रीवे पर लाखो गाड़ी घुमत बा,
गैस, बिजली, पानी मिले चौबीस घण्टा,
रात दिन रोशनी चमचमाये,
ज़िन्दगी बड़ी ख़ुशहाल बा
अमेरिका में का बा...

फिर काहे मनवा लागत नईखे,
सुतला पर निंदिया आवत नईखे,
करवट फेरत बितेला रतिया,
बेचैन मन, अँखियाँ लाल बा,
अमेरिका में का बा...

आमदनी से पहिले ख़र्चा होता,
क्रेडिट के बाज़ार बा,
मकान, गाड़ी, फ़र्नीचर के साथ,
पढ़ाई भी उधार बा,
लोग उधारी से लजात नईखे,
घर नीलामी पर शर्मात नईखे,
हमाम में सब लोग नंगा बा,

पैसा आवे से पहिले जात बा,
अमेरिका में का बा...

एक बात भइआ मत करिह,
डुबकी लगाके सच मत खोजिह,
साँच इहाँ भी कड़वा बा,
जाल फ़रेब के धन्धा बा,
मन में खटास भर जाई,
सब भरम तोहार टूट जाई,
ऊपर से मलाई चाट ल,
अंग्रेज़ी धुन पर नाच ल,
बीयर पी के दुखवा बाँट ल,
का बा, भइया का बा
अमेरिका में का बा...

सिंघाड़ा

समधिन के समधिन बनावेली सिंघाड़ा,
चटनी के साथ समधिन मारेली चटकारा।

हरियर धनिया के पत्ता में पुदीना मिला के,
सिलौटी पर पिसेली पसीना चुआ के,
आम के टिकोरा डाल, स्वाद कईली चटकारा,
चटनी के साथ...

लालू जी के खेत से आलू मँगा के,
मटर, मिरचाई हिसाब से मिला के,
सरसों तेल में छान के बनैली करारा,
चटनी के साथ...

माता दिवस पर मन से बनवली,
हित मित्र परिवार के पूछ पूछ खिलवली,
थम्स अप करके सैयाँ करेलन इशारा,
चटनी के साथ...

भइआ भोजपुरिया

पहिले त कसाव लागे, फिर मुँह में मिठास लावे,
आँवरा के चटनी जइसन, भइया भोजपुरिया।

विंध्य से हिमालय तक, अवध से आसाम तक,
प्यार से बढ़ाव हाथ, सगरे मिलिहे भोजपुरिया।

बोली बाटे खरी खरी, गईब त मिसिरी झरी,
मुहावरा, लोकोक्ति के भण्डार भोजपुरिया।

सीमा पर खड़ा सीना तान, स्टेशन पर उठावे सामान,
मेहनत के देला सम्मान, हमार भाई भोजपुरिया।

कभी पूड़ी जलेबी आलूदम, कभी लिट्टी चोख़ा खाँटी घी गरम,
कभी मूरई, मट्ठा, बासी भात, भरपेट खाये भोजपुरिया।

ताना मारे दुनिया जहान, कभी भाइ लोग करे भीतरघात,
चोट खाके भी जग जीतले बा, इ ढीठ भोजपुरिया।

धर्मभूमि, कर्मभूमि, नीति-राजनीति के बा जन्मभूमि,
भटकल राही के हमेशा राह दिखावे भोजपुरिया।